Hurra, wir leben noch!
KAISERSLAUTERN
nach 1945

Rainer Blasius

Hurra, wir leben noch!
KAISERSLAUTERN
nach 1945

Wartberg Verlag

Fotonachweis: Medienzentrum Kaiserslautern

1. Auflage 2001
Alle Rechte vorbehalten, auch die des auszugsweisen Nachdrucks
und der fotomechanischen Wiedergabe.
Druck: Thiele & Schwarz, Kassel
Buchbinderische Verarbeitung: Büge, Celle
© Wartberg Verlag GmbH & Co. KG
34281 Gudensberg-Gleichen, Im Wiesental 1
Tel.: 0 56 03/9 30 50 • www.wartberg-verlag.de
ISBN 3-8313-1213-3

VORWORT

Der 20. März 1945 war ein heiterer Frühlingstag. Bereits in der Frühe gab es von allen Seiten Meldungen über herannahende Amerikaner. Gegen 9.00 Uhr rückten motorisierte amerikanische Kampftruppen in die Stadt ein und schon um die Mittagszeit wurde den Bewohnern mit der „Proklamation Nr. 1" des amerikanischen Oberbefehlshabers Dwight D. Eisenhower die Niederlage verkündet. Die nationalsozialistische Herrschaft in Kaiserslautern hatte genau „12 Jahre und 12 Tage" gedauert (so auch der Titel des Filmes von Andreas Pech und Wolfgang Jung im Vertrieb des Medienzentrums Kaiserslautern). Weiße Fahnen empfingen die einrückenden Amerikaner - der Zweite Weltkrieg und die Schrecken im Zeichen des Hakenkreuzes hatten in Kaiserslautern ein Ende.

Endlich Frieden! Aber was war das für ein Frieden? Es war der Frieden der Sieger. Die Menschen, die nur zögernd aus den Schutzräumen kamen und in ihre Wohnungen zurückkehrten, wurden mit einer sofort verhängten ganztägigen Ausgangssperre konfrontiert, die nur für wenige Stunden unterbrochen war. Auch die Beschlagnahme von Wohnungen wurde vor der Besatzungsmacht sofort begonnen. Den Betroffenen blieb oft kaum Zeit das Nötigste zusammenzupacken. Trotzdem nahm man nach den zermürbenden Luftangriffen den Einmarsch der Amerikaner und das Ende des Krieges mit Erleichterung auf.

Die Besatzung durch die Amerikaner dauerte nur wenige Wochen. Bereits am 1. Juli 1945 hatten die Franzosen unter der provisorischen Regierung von Charles de Gaulle ihren Willen durchgesetzt und eine eigene Besatzungszone auf der linken Rheinseite erhalten. Kaiserslautern war, wie schon so oft in seiner Geschichte, wieder einmal französisch. Dabei war es nur fünfzehn Jahre her, dass mit dem Abzug der letzten französischen Besatzungssoldaten der Erste Weltkrieg für Kaiserslautern geendet hatte.

Die Luftangriffe der Alliierten in den beiden letzten Kriegsjahren hatten Kaiserslautern schwer verwüstet. Über 60 Prozent der Stadt waren zerstört, die Einwohnerzahl war von rund 65 000 (1939) auf 38 000 (1945) gesunken. Vor allem die drei Großangriffe am 7. Januar, 14. August und 28. September 1944 hatten Kaiserslautern in ein Inferno verwandelt. In den letzten sechs Monaten erfolgten fast täglich Bombardierungen teilweise durch größere, teilweise durch kleinere Verbände. Noch am 17. März 1945 wurde die Siedlung Pfaffenberg angegriffen.

Ausgebrannte Ruinen und Berge von Schutt bestimmten das Stadtbild und noch Jahre nach Kriegsende glichen weite Teile einer Trümmerlandschaft. Viele Kaiserslauterer hatten den Verlust von Angehörigen zu beklagen. Insgesamt waren bei den Luftangriffen 516 Zivilisten ums Leben gekommen. Nicht bekannt ist die Zahl der gefallenen Militärs sowie der verletzten Personen. Insgesamt waren 4132 Wohn- und Geschäftsgebäude beschädigt, davon 1535 total zerstört und 356 schwer beschädigt. Zu den vordringlichsten Aufgaben der neuen Verwaltung gehörten neben der Sicherstellung der Versorgung der Bevölkerung die Wiederherstellung der Verkehrswege und die Instandsetzung und der Neubau von Wohnungen. Dazu musste jedoch zunächst einmal aufgeräumt werden. In den ersten Wochen gelang es nur langsam wenigstens schmale Fußpfade in den betroffenen Straßen freizubekommen. Erst später begann man mit angeordneten Schutträumaktionen. Zwischen 8.00 und 17.00 Uhr waren Arbeitskolonnen dienstverpflichteter Frauen und Männer mit Schutträumen und Steineklopfen beschäftigt. Vorrang hatten zunächst die Trümmergrundstücke entlang der Hauptverkehrsstraßen. Die riesige Menge von rund 140 000 Kubikmetern Schutt wurden in den Loren eigens verlegter Feldbahnen abtransportiert und verfüllt.

Hunger und Elend bestimmten das Leben der Menschen. Holz und Kohlen waren knapp, die Strom- und Gasversorgung brach immer wieder zusammen. Lebensmittel blieben, wie schon in den letzten Kriegsjahren, rationiert. Es fehlte an allem. Gab es irgendwo Brot oder Fleisch zu kaufen, bildeten sich vor den Geschäften lange Schlangen. Das Leben in den Häuserresten mit den abgedeckten Dächern und unverglasten Fenstern war nur bei trockenem und warmen Wetter zu ertragen. In dem sehr strengen Winter 1946/47 waren die Wälder rund um Kaiserslautern „Retter in der Not", ob vom Förster erlaubt oder nicht.

Autos erschienen erst ab 1948 wieder verstärkt auf den Straßen. Bis dahin kam man in der Stadt am besten zu Fuß oder mit dem Fahrrad voran. Aber bereits 1954 waren wieder 3567 Personenkraftwagen zugelassen. Mit dem Verkehr begann sich auch die Wirtschaft allmählich zu normalisieren.

Doch waren die Nachkriegsverhältnisse zunächst niederschmetternd. Frankreich nutzte seine Besatzungszone zur Durchsetzung von Wiedergutmachungsforderungen. Aus rheinland-pfälzischen Betrieben wurden fast 900 Industriemaschinen abgebaut und beschlagnahmt. Die durch den Bombenkrieg arg in Mitleidenschaft gezogenen Betriebe in Kaiserslautern waren nun mit französischen Demontagekolonnen konfrontiert. Allein aus den „Eisenwerken Kaiserslautern" wurden 80 Güterwaggons mit Industrieanlagen nach Frankreich abtransportiert.

Erst die am 20. Juni 1948 in den drei westlichen Besatzungszonen durchgeführte Währungsreform wurde zum entscheidenden Wendepunkt in der Nachkriegsgeschichte. Der dadurch ausgelöste Konjunkturaufschwung brachte den Betrieben und der Bevölkerung in Kaiserslautern bessere Zeiten. Auch die Ernährungsverhältnisse verbesserten sich zunehmend. Inmitten der Trümmer richteten sich alte Gewerbebetriebe und Geschäfte neu ein.

Das öffentliche und politische Leben der ersten Nachkriegsjahre wurde stark von der französischen Militärregierung bestimmt, die nicht nur die Reorganisation der Stadtverwaltung, sondern auch die demokratische Erneuerung der Gesellschaft überwachte und steuerte. Die Verordnung 22 der Militärregierung und die Durchführungsverfügung Nr. 26 vom 13. Dezember 1945 regelte die Wiederzulassung der politischen Parteien. Am 15. September 1946 fanden in Kaiserslautern die ersten Kommunalwahlen statt.

Angesichts der unsicheren Verhältnisse und der angespannten Versorgungslage entwickelten die Menschen ein ausgesprochenes Bedürfnis nach Zerstreuung und Unterhaltung. Nachdem die Apathie der ersten Wochen und Monate überwunden war, richtete man den Blick nach vorn. Überlebt zu haben, war nicht genug. Man musste sein Leben in die Hand nehmen, um die Zukunft zu meistern. Und schließlich war das Schlimmste überstanden. Es ging aufwärts, Kaiserslautern lebte.

Kulturelle und sportliche Veranstaltungen fanden regen Zuspruch. Man machte Gebrauch vom wiedererlangten Zugang zur Kultur der westlichen Welt, man las die bis dahin verbotenen Schriftsteller und hörte den Jazz der Amerikaner. Bereits ab Oktober 1945 erschien wieder die „Pfälzische Volkszeitung". Die „Städtischen Bühnen" öffneten ihre Pforten, im ehemaligen Lichtspielpalast „Capitol" wurden wieder Filme gezeigt, in der Fruchthalle fanden Konzert- und Liederabende statt und seit Dezember 1945 konnte man sich in der Stadtbücherei wieder Lesestoff ausleihen.

Mit dem Wandel der weltpolitischen Lage kamen die Amerikaner 1951 wieder nach Kaiserslautern - und blieben bis heute. Innerhalb von wenigen Jahren entstand die „Bastion Pfalz". Auf der Vogelweh, einem vormals unberührten Waldbezirk zwischen Kaiserslautern und Hohenecken, wurde auf der größten Baustelle im damaligen Deutschland eine ganze Stadt für 20 000 Amerikaner aus dem Boden gestampft.

Zu denen, die den Krieg überlebt hatten, gehörte auch der Lehrer und Fotograf Peter Turgetto. Am 23. November 1882 in Germersheim geboren, kam er 1904 nach Kaiserslautern. Seit 1895 hatte er sich mit dem damals neuen Medium „Fotografie" beschäftigt. Am 16. September 1921 erging vom Bayerischen Staatsministerium für Unterricht und Kultus ein Erlass an die nachgeordneten Dienststellen, in dem die nachdrückliche Förderung der Verwendung von Lichtbild und Film durch die Einrichtung so genannter Bezirkslichtbilderstellen verlangt wurde. Bereits vier Monate später, am 14. Januar 1922, erfolgte die Gründung der „Bezirkslichtbilderstelle der Pfalz" in Kaiserslautern. Aus ihr ging 1934 die Landesbildstelle Rheinpfalz hervor, deren erster Leiter Turgetto war. Bald waren ihm 14 Kreis- und Stadtbildstellen unterstellt. Im Zweiten Weltkrieg und den Nachkriegswirren gingen fast 2000 Filmkopien und über 50 000 Lichtbilder verloren. Mit ungebrochener Energie gelang es Peter Turgetto noch einmal eine Bildstelle in Kaiserslautern aufzubauen. Für seine großen Verdienste um die Entwicklung des Schulfilms wurde ihm 1954 das Bundesverdienstkreuz am Bande verliehen. Am 8. Februar 1960 verstarb Peter Turgetto in Kaiserslautern.

Seine Bilder, die in diesem Band veröffentlicht werden, zeigen die großen Zerstörungen, die Kaiserslautern und seine Bürger im Zweiten Weltkrieg erleiden mussten. Sie sind aber auch Dokumente der Aufbruchstimmung, der wieder gewonnenen Freiheit und Lebensfreude, die sich trotz aller widrigen Umstände nach und nach zeigte und gelebt wurde. Hurra, wir leben noch!

Rainer Blasius
Leiter des Medienzentrums Kaiserslautern

Als am 20. März 1945 mit dem Einmarsch der Amerikaner der Zweite Weltkrieg für die Bewohner von Kaiserslautern zu Ende war, lag die einst so stolze Barbarossastadt in Schutt und Asche. Die zermürbenden Luftangriffe der Alliierten in den beiden letzten Kriegsjahren hatten Kaiserslautern verwüstet. Über 60% der Stadt waren zerstört, die Einwohnerzahl war von 63 000 (1939) auf 38 000 (1945) gesunken.

Vor allem die drei Großangriffe am 7. Januar, 14. August und 28. September 1944 hatten Kaiserslautern in eine „Stadt im Feuerregen" verwandelt. Ausgebrannte Ruinen und Berge von Schutt bestimmten das Stadtbild, überall türmten sich die Trümmer eingestürzter Häuser. Vergeblich suchte man nach vertrauten Plätzen und Gassen. Ganze Straßenzüge waren verschwunden, zahllose Häuser waren zerstört oder schwer beschädigt, die Bewohner umgekommen oder geflohen.

Die Bilder auf den Seiten 6 bis 23 zeigen die Zerstörungen zwei Tage nach dem verhängnisvollen 28. September 1944, der größten Katastrophennacht, die für die Stadt und ihre Bewohner zum Inferno wurde. Der Angriff erfolgte nachts kurz nach 2 Uhr und forderte unter der Zivilbevölkerung 152 Tote. Getroffen wurden 190 Straßen und 2143 Häuser. Die unzähligen Brand- und Sprengbomben zerstörten 1219 Häuser total. Die Auslandssender meldeten am nächsten Tag die völlige Zerstörung Kaiserslauterns.

Die *Aufnahmen dieser Doppelseite* zeigen die **Trümmer in der Gasstraße an der alten Post.** An der Wand in der dritten Etage hängt noch die Uhr *(Foto links)*. Die Zeiger blieben kurz nach zwei Uhr stehen, dem Zeitpunkt als das Inferno begann. Die Aufnahmen zeigen auch Arbeiter bei der Reparatur der Versorgungsleitungen unter der Straße. Nur ein schmaler Weg führte hier durch die Schuttberge.

Auch viele Häuser in der **Theaterstraße** *(Foto oben)* und am **Museumsplatz** *(Foto rechts)* waren völlig zerstört, die Straßen nur notdürftig vom Schutt befreit.

Stadt im Feuerregen

In der Innenstadt boten sich immer wieder ungewohnte Aus- und Einsichten. Vor dem Krieg hatte man über viele der altehrwürdigen Gebäude in den Straßen und Gassen einfach hinweggesehen. Jetzt, nach der Zerstörung, weckten selbst die spärlichsten Überreste das Interesse. In der **Eisenbahnstraße** *(Foto unten)* waren im nördlichen Teil die Häuser bis auf die Grundmauern zerstört. Dadurch ergab sich der ungewohnte freie Blick auf die Stiftskirche. Sie hatte das Inferno weitgehend unbeschadet überstanden, doch beim Angriff am 5. Januar 1945 wurde der Hauptturm von Bomben getroffen und stürzte ein.

Foto oben: Auch die Häuser in der **Wolpertstraße** hatte es schwer getroffen. Nur die Kamine und einige Fassaden standen noch. Die Brandbomben hatten auch den Baum nicht verschont.

Foto links: Im **südlichen Teil der Eisenbahnstraße, in Richtung Hauptbahnhof,** waren die Schäden auf den ersten Blick nicht ganz so verheerend. Hier standen immerhin noch die Fassaden und die Straße war bereits wieder frei geräumt. Die Bäume hatten ihr Laub behalten und selbst die Laternen blieben stehen. Im Hintergrund gerade noch erkennbar sind zwei Türme der Stiftskirche.

Auch **im Norden der Stadt bei der Landesgewerbeanstalt** hatte der Luftangriff Schneisen der Verwüstung geschlagen *(Foto Seite 12/13)*. Ganze Häuserteile waren durch den Luftdruck der Bomben weggerissen worden und überall türmten sich die Schuttberge. Viele der Häuser waren vom Einsturz bedroht und nicht mehr bewohnbar. Zum größten Teil mussten sie abgerissen werden. Die Menschen, wie hier am **Museumsplatz bei der Villa Janson,** versuchten unter Lebensgefahr, aus den Häusern wenigstens einige persönliche Dinge zu bergen. Glück hatte, wer einen fahrbaren Untersatz, z.B. ein Leiterwägelchen, besaß. Damit wurden die geretteten Gegenstände - Möbel, Kleidungsstücke und Decken, Teppich, Öfen, Stühle - abtransportiert. Der große Rest war unter den Trümmern verloren.

Das Inferno hatte auch die Prachtbauten aus der Gründerzeit nicht verschont. Das *Foto links* zeigt die **Ecke Eisenbahn-/Rummelstraße.** Nur die Außenfassaden blieben stehen, die kahlen Kamine ragten wie Mahnmale in den Himmel. Arbeiter versuchten einsturzgefährdete Mauern notdürftig abzustützen. Hier gab es auch zwei Tage nach dem Großangriff kaum ein Durchkommen. Andere Straßen waren bereits wieder geräumt, wie die **Schulstraße** *(Foto oben)* und die **Wolpertstraße** *(Foto unten)*.

18 *Stadt im Feuerregen*

Die öffentlichen Gebäude wie die 1879 erbaute **Münchdammschule in der Schulstraße** *(Foto rechts)*, der **Karlsberg am Stiftsplatz** *(Fotos oben und links)*, der Kraftfahrpark der Sanitätskolonne und die Landesgewerbeanstalt *(Fotos Seite 23)* sowie die Betriebe waren ebenfalls schwer in Mitleidenschaft gezogen worden.

Der Karlsberg am Stiftsplatz, 1874 als Hotel erbaut, wurde nach dem Konkurs 1881 in ein repräsentatives Behörden- und Geschäftshaus umgewandelt. Seit 1935 war es städtisches Dienst- und Wohngebäude. Das mehrstöckige Sandsteingebäude schloss den Stiftsplatz nach Süden hin ab. Nach dem Krieg wieder aufgebaut, wurde er 1960 abgerissen und durch ein Kaufhaus ersetzt.

Schwere Verwüstungen weist auch das **Hotel Krafft in der Münchstraße** auf.

Foto oben: Die traditionsreiche Möbelfabrik Eckel wurde bereits am 14. August 1944 schwer getroffen (Großbrand des wertvollen Holzlagers). Beim Angriff am 28. September 1944 wurden auch die Gebäude und Maschinen bis auf kleine Reste total zerstört. Gegründet in der ersten Hälfte des 19. Jahrhunderts als Schreinerei, entwickelte sich die Firma sehr rasch zu einer Möbelfabrik. Das Absatzgebiet reichte weit über Deutschland hinaus bis nach Holland, Frankreich und in die Schweiz. Zeitweise wurden bis zu 600 Arbeiter beschäftigt. In den schwierigen Verhältnissen nach dem Krieg sollte die Firma nicht mehr die frühere Bedeutung erlangen und 1962 aufgelöst werden.

Foto oben rechts: Der Kraftfahrpark der Sanitätskolonne, im Volksmund kurz „die Kolonne" genannt, befand sich seit 1912 in der Augustastraße. 1887 als „Freiwillige Sanitätskolonne Kaiserslautern" gegründet, war sie der Anfang des Roten Kreuzes in der Stadt. Bereits 1907 besaß sie ihr erstes Krankenmobil. Um die steigende Zahl der Fahrzeuge unterbringen und warten zu können, wurde 1927 an das Haus eine Halle mit Werkstätten angebaut. Der gesamte Gebäudekomplex wurde bei den Luftangriffen schwer beschädigt.

Foto unten rechts: Das 1880 eingeweihte Pfälzische Gewerbemuseum wurde ebenfalls schwer getroffen. Die Fassade und der Nordflügel blieben zwar stehen, doch die Innenräume wurden total zerstört. Glücklicherweise waren die Bestände zu diesem Zeitpunkt bereits ausgelagert. Beim Wiederaufbau 1955 blieb nach langen Diskussionen die Fassade erhalten, die Innenaufteilung wurde allerdings erheblich verändert. Ein Abriss dieses charakteristischen Museumsbaus aus dem 19. Jahrhundert hätte für das Stadtbild einen großen Verlust bedeutet.

Der jeweils am Dienstag und Samstag abgehaltene **Wochenmarkt auf dem Stiftsplatz** wurde bereits 1771 gegründet und war seither fester Bestandteil des Stadtbildes. In den Notzeiten nach Kriegsende fehlte es nicht nur an Wohnungen, sondern auch an Nahrungsmitteln und anderen wichtigen Gütern. Alles war rationiert und nur mit Lebensmittelkarten zu bekommen: Brot, Fleisch, Zucker, Mehl usw. Erst die am 20. Juni 1948 in den drei westlichen Besatzungszonen durchgeführte Währungsreform wurde zum entscheidenden Wendepunkt in der Nachkriegsgeschichte. Die Lebensmittelrationierung konnte schrittweise aufgehoben werden und das Wirtschaftsleben wurde auf eine solide Grundlage gestellt: Die Auslagen der Geschäfte füllten sich, Handwerker schrieben wieder Rechnungen und verlangten nicht länger Bezahlung in Naturalien, die Bauern beschickten wieder den Wochenmarkt. Nun gab es sogar wieder zunehmend Obst und Gemüse. Das Angebot war zwar noch nicht so reichlich, doch wenige Wochen nach der Währungsreform gab es laut der Lokalpresse wieder ausreichend Weißkraut, Kohlrabi, Wirsing, Karotten sowie Topf- und Schnittblumen aller Art. Es gab auch wieder süße Leckereien: Schokoladen-, Vanille-, Zitronen- und Erdbeereis. Das Angebot und die Versorgungslage ließen zeitweise einen täglichen Obst- und Gemüseverkauf zu. Das *Foto oben* vom 6. August 1948 zeigt wohl den letzten Freitagsmarkt auf dem Stiftsplatz, danach fand der Lauterer Wochenmarkt wieder traditionell dienstags und samstags statt.

Foto oben: Die **Marktstraße** als eine der ältesten und historisch wohl bedeutsamsten Straßen der Stadt wurde schon im Mittelalter als „Marktgasse" erwähnt. Wer in der Geschäftswelt Rang und Namen hatte, war stolz darauf in der Marktstraße seinen Sitz zu haben. Auch hier hatten die Bombenangriffe viele Gebäude zerstört. Das Foto zeigt das Geschäftstreiben in der Marktstraße im August 1949, ein gutes Jahr nach der Währungsreform. Neben großen mehrstöckigen Geschäftshäusern sind kleine eher garagenähnliche Geschäfte zu sehen. Hier stand früher das berühmte Café Käfer. In dem großen Gebäude dahinter hatte das Kaufhaus Zeiss und Janenz seine Pforten geöffnet. Heute ist hier ein Hamburgerrestaurant zu finden. Rechts sieht man einen Turm der Stiftskirche, deren Wiederaufbau zu diesem Zeitpunkt in vollem Gange war.

Foto links: Der **Brezel-Adam,** eigentlich Adam Schmadel (1892–1969), war bereits zum Zeitpunkt dieser Aufnahme am 12. August 1952 stadtbekannt. Seit 1919 ging er seinem Gewerbe nach, von morgens 6 bis abends 9 oder 10 Uhr verkaufte er seine frischen Brezeln. So konnte er auch in den schwierigen Jahren nach dem Zweiten Weltkrieg seine Familie ernähren. An seinem bevorzugten Standort Ecke Eisenbahn-/Marktstraße steht seit Juli 1977 eine 1,35 Meter hohe Bronzestatue, die an das Lauterer Original erinnert.

Im Gedenken an die unzähligen Opfer der nationalsozialistischen Terrorherrschaft wurde nach dem Krieg dieser Gedenkstein aufgestellt. Auf den Tag genau 12 Jahre und 12 Tage hatte der Albtraum in Kaiserslautern gedauert. Das Foto vom 1. Juni 1950 zeigt den **Gedenkstein an seinem ursprünglichen Ort in der Anlage am Eisplätzchen, unterhalb des heutigen Rathauses.** Im Hintergrund erkennt man die damalige Schlosskaserne. Der Stein wurde 1964 an seinen heutigen Standort versetzt – vor das Polizeipräsidium auf den „Philipp-Mees-Platz", benannt nach Philipp Mees, dem ehemaligen SAP- und späteren SPD-Mann, der die gesamte Nazizeit in Gefängnissen und Konzentrationslagern gesessen hatte. Nach 1945 war er viele Jahre lang als DGB-Kreisvorsitzender tätig und zwanzig Jahre lang Mitglied des Stadtrates.

Am 2. August 1948 öffnete nach vier Jahren wieder ein **Reisebüro in Kaiserslautern.** Ob es sich bei dieser Aufnahme vom 1. August 1950 um das in der Schlosskaserne gelegene Reisebüro handelt, ist nicht bekannt. Das Plakat „Fahrkarten-Verkauf zu amtlichen Preisen" zeigt, dass die Bahn zum damaligen Zeitpunkt das wichtigste Verkehrsmittel war. Das Auto spielte in den ersten Jahren für die große Mehrheit der Bevölkerung kaum eine Rolle, denn die meisten Fahrzeuge waren während des Krieges beschlagnahmt oder zerstört worden. Wenn jemand sein Auto über die Kriegswirren retten konnte, dann fehlte es ihm jetzt an Benzin. Man fuhr mit dem Fahrrad (wenn man eins hatte) oder ging zu Fuß.

Nach den Einschränkungen der Kriegs- und unmittelbaren Nachkriegszeit lockte aber schon wieder das Fernweh, auch wenn die Ziele noch im eigenen Lande lagen. So wirbt das Bild auf dem Regal für das Staatsbad Bad Steben direkt an der damaligen Zonengrenze. Oder sollte es doch lieber ins Karwendelgebirge oder zur Zugspitze gehen, wie es das Plakat links verheißt?

Foto rechts: Der von Wald umrahmte **Gelterswoog bei Hohenecken** war mit seiner 12,5 Hektar großen Wasserfläche schon immer ein beliebter Freizeittreff und idealer Ort der Entspannung. Mit der Eröffnung der Biebermühlbahn zwischen Kaiserslautern und Pirmasens im Jahre 1913 wurde der Gelterswoog Haltepunkt der Bahn und damit für die Städter bequem und schnell erreichbar. Der Badebereich liegt an einer Seite des dreieckigen Sees. Er wurde 1926 eingerichtet und 1932 zu einem modernen Strandbad ausgebaut. Auch am 5. Mai 1950 strömten viele Menschen auf dem Fußweg zum Eingang des Strandbades. Seit der Währungsreform 1948 ging es, wenn auch langsam, wirtschaftlich aufwärts, so dass man sich den Eintritt ins Strandbad wieder leisten konnte.

Fotos Seite 30/31: Im Wasser sich erfrischen und am Strand erholen, so konnte man das Leben genießen. Der Blick geht auf die **Ausläufer des Hirschberges,** an dessen Fuß die Biebermühlbahn verlief. Der Haltepunkt ist von den Bäumen verdeckt *(großes Foto).* Im **Strandbad Gelterswoog** fand vom 7. – 9. Juli 1951 als Höhepunkt der 675-Jahrfeier der Stadtrechtsverleihung *(siehe auch Seite 40ff.)* ein großes Sommernachtsfest statt, das an den drei Tagen viele Tausend Besucher anlockte.

Kaiserslauterns natürlicher Reichtum ist der Wald, der die Stadt umgibt. Lieferte er in den vergangenen Jahrhunderten vor allem das Holz zum Bauen und das Brennmaterial für die kalten Winter, so wurde er zunehmend auch stadtnahes Erholungsgebiet für die Bewohner. Damit die Bürger die Ausmaße ihres Stadtwaldes kennen lernten, wurde die Tradition des Waldumganges gepflegt. Dieser alte Brauch ist nichts spezifisch Lauterisches, sondern hatte wie alle Flurumgänge im Mittelalter die große rechtliche Bedeutung, die genauen Grenzen des Stadtwaldes festzustellen und einzuprägen. Dabei wurden die Grenzsteine geprüft und, wenn nötig, ersetzt oder befestigt. Wo eine Grenze strittig war, gab es immer kleineren oder größeren Hader, der oft zu langwierigen Verhandlungen führte. Kein Wunder, dass man nach einem Mittel suchte, der Mit- und Nachwelt die richtige Grenzmarkierung einzuprägen. So hat sich als ein sehr altes Rechtsaltertum das „Pritschen" erhalten. Vor allem das Pritschen 14 bis 16jähriger Knaben sollte die Kenntnis der Grenzen von Generation zu Generation weitergeben.

Leiter der Umgänge waren immer die Vertreter der Stadt, denen sich Bürger und Jugend anschlossen.

Im 18. Jahrhundert verlor sich dieser Brauch und wurde erst 1868 wieder aufgegriffen um die Schuljugend für die Bedeutung und Wichtigkeit des Waldes zu sensibilisieren. In der waldverbundenen Barbarossastadt hat er sich jedoch am längsten erhalten (der erste ist bereits für das Jahr 1514 bezeugt) und ist zu einem echten Volksfest geworden, das fünf Jahre nach Kriegsende Alt und Jung in Scharen anzog. Auch die Wälder rund um Kaiserslautern waren den Bombardierungen nicht entgangen. Unzählige Bombenlöcher, entwurzelte und teils in Stücke gerissene Bäume prägten für viele Jahre das Bild. Nur langsam verdeckte die Natur die schreckliche Vergangenheit. Die Waldumgänge wurden ursprünglich alle zehn Jahre durchgeführt, seit dem hier dokumentierten Waldumgang im Jahre 1950 jedoch alle sieben Jahre.

Am 30. Mai 1950, dem Dienstag nach Pfingsten, fand **der erste Waldumgang nach dem Krieg** statt. Nach einer Ansprache durch den Oberbürgermeister Alex Müller am Maxplatz gingen der Bürgermeister, die Ratsherren, das Personal der Stadtverwaltung, die Kinder sowie die Bürgerinnen und Bürger los. Im Hintergrund ist das ausgebombte Landgericht zu sehen *(Foto ganz links oben)*.
Gepritscht wurde an 12 Grenzsteinen, von denen die ältesten das Jahr 1786 trugen. Das Amt des Waldbürgermeisters hatte Stadtrat Franz Göbel *(Foto ganz links unten)* inne. Es wird berichtet, dass er mit viel Humor und leichter Hand seines Amtes waltete: „Die Waldgrenz' soll sich jeder merken und Pritschen hilft's Gedächtnis stärken". Unter fröhlichem Hallo wurden neben den Kindern auch Persönlichkeiten des öffentlichen Lebens gepritscht *(Fotos links)*.

Foto oben: Auch am **Jungfernstein westlich des Scheidtals an der Grenze zwischen Stadt- und Stiftswald** wurde gesungen und musiziert. Nach alter Überlieferung werden auf diesen Stein junge Mädchen gesetzt. Der städtische Pritschenmeister pritscht natürlich nicht kräftig auf das Gesäß wie bei den Jungen, sondern streicht ihnen mit der Pritsche sanft über den Rücken.

Foto oben: Das Einprägen der Grenzen machte hungrig. **Am „Rummel" beim Stiftswalder Forsthaus wurde die Mittagspause eingelegt.** Für die Schulkinder gab es Bohnensuppe mit Wurst.

Foto rechts: **Rund 4000 Teilnehmer,** darunter 1200 Schülerinnen und Schüler, **hatten sich an diesem herrlichen Maitag auf den 22 Kilometer langen Weg gemacht.** Für einige Stunden konnte man den beschwerlichen Alltag vergessen, von einer besseren Zukunft träumen und die Natur der Heimatstadt genießen.

Foto links oben: Traditionell assistierten dem Waldbürgermeister die beiden jüngsten Stadträte. 1950 waren dies die **Stadträte Edinger und Demmerle,** die sich auch beim Tragen der rot-weißen Stadtfahne abwechselten.

Foto rechts oben: Jeder, der sich mit den 50er Jahren in Kaiserslautern beschäftigt, stößt zwangsläufig auf diesen Mann: **Max Bachem** (1917–1973). Wie kein anderer hat er jene Jahre auf Tausenden von Fotos dokumentiert: Zerstörung und Wiederaufbau, Abriss und Neugestaltung, bekannte Persönlichkeiten und „den kleinen Mann". Beim Waldumgang war er einmal selbst Motiv für Peter Turgetto.

Foto unten: Den Abschluss des Waldumgangs bildete bis in die Nachtstunden das **Fest in den Gaststätten Flockerzie und Hörhammer auf der Eselsfürth.** Sonderbusse sorgten für die Rückfahrt in die Stadt. In seiner Rede würdigte Oberbürgermeister Müller noch einmal die Bedeutung des Waldumganges.

Foto rechts: **Das „Hauptarbeitsgerät" beim Waldumgang: die „Pritsche" aus Holz** als Gedächtnisstütze für die Waldgrenzen. Rechts Waldbürgermeister Stadtrat Franz Göbel, links von ihm Oberbürgermeister Alex Müller.

Tradition „Waldumgang"

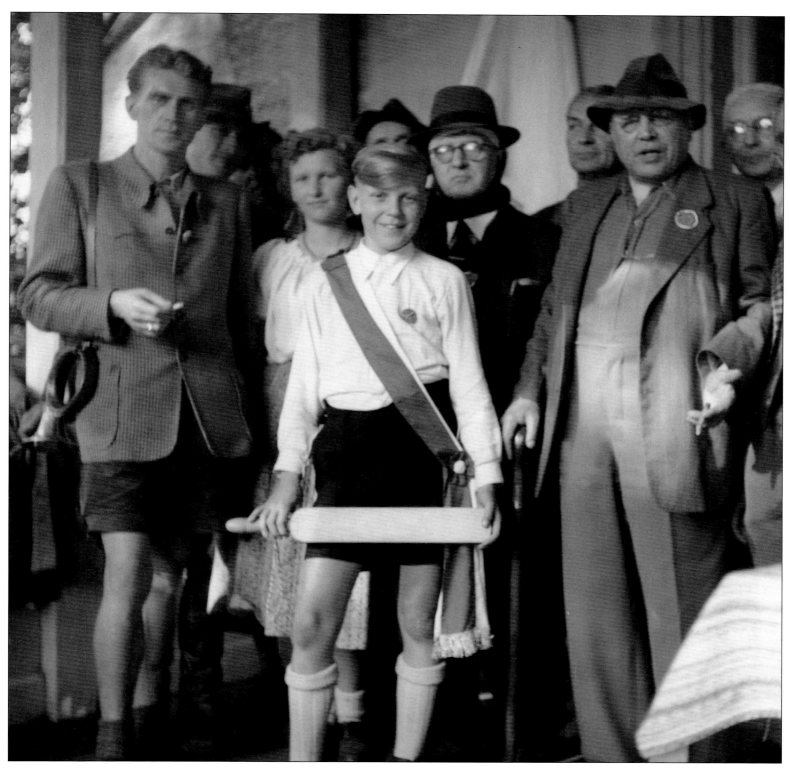

Fotos der Doppelseite 38/39: Trotz seiner langen Geschichte findet man in Kaiserslautern nur wenige historische Bauwerke. Die **Stiftskirche** ist eine der wenigen Ausnahmen. Die hier ansässigen Prämonstratenser begannen im 13. Jahrhundert mit dem Bau dieser größten gotischen Hallenkirche Südwestdeutschlands. Nach der Umwandlung des Ordens 1510/11 in ein weltliches Kollegialstift erhielt die Kirche ihren heutigen Namen. Mit der hier vollzogenen Vereinigung von Lutheranern und Reformierten aus der Pfalz wurde 1818 pfälzische Kirchengeschichte geschrieben. Seither gilt sie als „Mutterkirche der pfälzischen Union".

Auch die bedeutendste Kirche der Stadt blieb von den Zerstörungen durch die Bombenangriffe nicht verschont. Waren bereits beim Angriff am 14. August 1944 die Fenster zerstört worden, so wurde am 5. Januar 1945 der Hauptturm von Bomben getroffen und stürzte ein. Die herabfallenden Trümmer richteten im Schiff, Chor und in der nördlichen Vorhalle schwere Verwüstungen an. Neben der Linderung der akuten Not in der Nachkriegszeit bemühte sich die Stiftskirchengemeinde auch um den Aufbau der stark in Mitleidenschaft gezogenen Kirche. Unter der Leitung des Architekten Egon Heußer wurde zwischen 1946 und 1950 die Restaurierung durchgeführt. Der Wiederaufbau richtete sich nach der alten Gestalt. So wurde der Hauptturm wieder in seiner ursprüngliche Höhe gebaut und in seinem Äußeren nur wenig verändert. Er besaß ursprünglich eine Uhr, auf die - wohl aus Kostengründen - verzichtet wurde.

Am 30. Juli 1950 war es endlich soweit. **Mit einer großen Feier konnte die renovierte Stiftskirche der Kirchengemeinde wieder übergeben werden.** Der Festzug näherte sich, von der Lutherkirche kommend, dem Hauptportal, wo Oberkirchenrat Bergmann Dekan Groß den Schlüssel überreichte *(Fotos Seite 38 und 39 oben).*

Die Fotos zeigen deutlich, dass fünf Jahre nach Kriegsende die Wunden der Bombenangriffe in diesem Teil der Stadt weitgehend verschwunden waren. Links sieht man das „Foyer du Soldat", das französische Soldatenheim.

Es sollten allerdings noch weitere sieben Jahre vergehen, bis auch die Stiftskirche wieder ihre Glocken bekam, die während des Krieges eingeschmolzen worden waren. Das *Foto links* zeigt die **Glockenabnahme im Januar 1942.** Nur wenige Jahre nachdem die im Ersten Weltkrieg eingeschmolzenen Glocken durch neue ersetzt worden waren, wurden auch diese für Kriegszwecke missbraucht. Am 1.12.1957 konnten die neuen Stiftskirchenglocken feierlich in Betrieb genommen werden und den Advent in Kaiserslautern einläuten.

Im Jahre 1951 feierte Kaiserslautern die **675. Wiederkehr der Stadtrechtsverleihung durch Rudolf von Habsburg** mit einem 12-tägigen Festprogramm *(Fotos S. 40/41)*. Neben der Leistungsschau „Pfälzer Land - Pfälzer Arbeit", zahlreichen Aufführungen des Pfalztheaters, dem dreitägigen Sommernachtsfest am Gelterswoog und einer Ausstellung kunstgewerblicher Gegenstände und Gemälde in der Landesgewerbeanstalt war der Festzug am Sonntag, dem 1. Juli, einer der Höhepunkte der Feierlichkeiten. Die zahlreichen und zum Teil auch kostspieligen Veranstaltungen inmitten der allgemeinen Not wirkten wie ein Signal zum Aufbruch, die vielfältigen Probleme zu lösen. Die Besinnung auf die Leistungen der Vergangenheit sollte anspornen zu neuem Schaffen und zur Überwindung aller Schwierigkeiten, wie es Oberbürgermeister Alex Müller formulierte. Die Begeisterung der Menschen kannte keine Grenzen, zumal der 1. FCK am Tag zuvor in Berlin zum ersten Mal Deutscher Fußballmeister geworden war *(siehe Doppelseite 44/45)*. Die Menschen säumten die Straßen, bewunderten die festlich geschmückten Wagen und vergaßen für einen Moment die aktuellen Probleme.

Foto oben: **Prächtig dekorierte Festwagen zogen durch die feiernde Stadt.** Das Hinweisschild „Bureau de la Place" am linken Bildrand zeugt von der französischen Besatzung.

Foto oben: Auf dem Festwagen erkennt man das **Konterfei Friedrich I. Barbarossa,** dem die Stadt die Kaiserpfalz und ihren klangvollen Beinamen zu verdanken hat. Es handelte sich um eine Nachbildung des Reliquiars von Kappenberg (Westfalen) als authentischem Bildnis des Kaisers.
Der Wagen wurde begleitet von sechs „Reichsministerialen" mit ihren Wappen.

Fotos Seiten 44/45: Ein Buch über Kaiserslautern ohne den 1. FC Kaiserslautern? Ein Buch über das Kaiserslautern der Nachkriegszeit ohne den 1. FC Kaiserslautern? Das ist spätestens seit den Erfolgen in jener Zeit, untrennbar verbunden mit dem Namen Fritz Walter, nicht denkbar. Der Ehrenbürger seiner Heimatstadt, Ehrenspielführer der Deutschen Nationalmannschaft und Namensgeber für das Fußballstadion des 1. FCK führte mit seinem fußballerischen Können und seiner Persönlichkeit die Stadt aus dem grauen Alltag der Nachkriegszeit und rückte sie in den sportlichen Mittelpunkt der (Fußball-)Welt. Nach dem Kriegsende, den verheerenden Folgen der Bombardierungen und den zahlreichen Entbehrungen waren diese Erfolge des 1. FCK auch ein klein wenig die Erfolge aller Lauterer, aller Pfälzer. Viele Mängel und Sorgen wurden wenigstens vorübergehend überlagert und waren leichter zu ertragen, zumal es ja voranging - wenn auch langsam.

Erstmals in seiner Vereinsgeschichte wurde der 1. FC Kaiserslautern am 30. Juni 1951 Deutscher Fußballmeister. Im Berliner Olympiastadion begann mit einem 2:1 über Preußen Münster vor 100 000 Zuschauern die erfolgreichste Ära für den Klub, untrennbar verbunden mit dem berühmtesten Geschwisterpaar beim 1. FCK: Ottmar und Fritz Walter. Ottmar Walter schoss beide Tore nach Vorlagen seines Bruders für den 1. FCK. Am Montag, dem 2. Juli 1951, einen Tag nach dem Festumzug zur 675-Jahr-Feier der Stadtrechtsverleihung, bereiteten die Lauterer dem FCK einen begeisterten Empfang in der Stadt. Auf dem *Foto links* ist der **Zug in der Marktstraße an der Stiftskirche** zu sehen. Bemerkenswert ist das Transparent auf dem LKW. Die Begeisterung über die Walter-Brüder war so groß, dass man gleich die ganze Stadt in „Walterslautern" umbenennen wollte. Der Zug endete im Stadion auf dem Betzenberg, wo eine große Begrüßungsfeier stattfand. Auch die Kommandanten der französischen und amerikanischen Streitkräfte gratulierten zu diesem großen Erfolg.

Mit einem 4:1 gegen den VfB Stuttgart gewann der 1. FCK am 21. Juni 1953 seine zweite Deutsche Meisterschaft. Vor 80 000 Zuschauern hatte der FCK den Vorjahresmeister besiegt und die „Viktoria" zum zweiten Mal in die Barbarossastadt geholt. Zwei Tag später empfingen wieder über 100 000 begeisterte Menschen die Mannschaft. **Im Autokorso (hier von links die Spieler Scheffler, Wanger, Fritz Walter)** führte der Triumphzug durch die ganze Stadt, auch vorbei am Elternhaus der Walter-Brüder in der Bismarckstraße bis auf den Stiftsplatz. Im Karlsberg fand dann der offizielle Empfang mit der Mannschaft, Funktionären und gesellschaftlicher und politischer Prominenz statt *(Fotos oben und links oben)*.

Auch acht Jahre nach Kriegsende gab es in Kaiserslautern immer noch große Trümmerfelder in der Stadt. Trotz aller Bemühungen der Bewohner und der Verwaltung war es unmöglich gewesen, die zu 60 Prozent zerstörte Stadt in dieser kurzen Zeit wieder aufzubauen. Manches sollte auch für immer aus dem Stadtbild verschwinden.

Foto Seite 46/47: Nur wenige Jahre konnten sich die Lauterer an dem im **Osten der Stadt gelegenen Ausstellungsgelände** erfreuen. Die von Hermann Hussong 1925 gebaute Anlage war nicht nur als Ausstellungsort für Ereignisse der Region, sondern auch für kulturelle und sportliche Veranstaltungen geplant. Nach der Wirtschaftskrise standen die Hallen seit den frühen 30er Jahren allerdings meist leer, während die 14 Hektar großen parkähnlichen Gartenanlagen mit Schwanenweiher, Springbrunnen und Wasserbecken von der Bevölkerung als Naherholungsgebiet genutzt wurden. Das Ausstellungsgelände wurde 1944 bei Luftangriffen völlig zerstört. Nach dem Krieg wurde an ihrer Stelle der heutige Volkspark angelegt. Nur eine Monumentalplastik erinnert dort noch an die ursprüngliche Anlage.

Foto links: Auch die **Fackelstraße** mitten in der Stadt bot stellenweise immer noch ein Bild der Zerstörung. Ob in diesen Trümmern tatsächlich eine Bettfedernreinigung tätig war, wie es das Schild über dem Eingang verheißt, ist nicht bekannt. Doch zwischen all den Trümmern erwachte auch die Natur zu neuem Leben. Wie auf den Bildern gut zu erkennen ist, waren die Bäume bereits recht hoch gewachsen.

Foto oben: Das **Hotel Schwan** (hier eine Aufnahme vom 15. Oktober 1953) **am alten Fackelrondell** zwischen der Fackel- und Richard-Wagner-Straße wurde in der Bombennacht vom 28. September 1944 total zerstört. Das an Weihnachten 1870 bezugsfertige Hotel war bis zu diesem Zeitpunkt das renommierteste Hotel der Stadt und beherbergte Prominente aus aller Welt. Nach dem Krieg wurde es 1947 zunächst behelfsmäßig wieder erstellt.

Foto oben: Der Abriss des **völlig ausgebombten Landgerichtes,** das immer noch in Notunterkünften untergebracht war, erfolgte erst im Februar 1954. Auf dem Maxplatz (der heute als Platz nicht mehr vorhanden ist) vor dem Gebäude fand früher die traditionelle Maikerwe statt. Das Gerichtsgebäude wurde an gleicher Stelle neu erbaut. Bereits im November wurde das Richtfest gefeiert, im September 1955 wurde es feierlich seiner Bestimmung übergeben.

Foto links: Das **Hotel Schwan** am 5. April 1954 vor dem Abriss und Wiederaufbau, aus einer anderen Perspektive gesehen. Mit der Rückkehr der amerikanischen Streitkräfte nach Kaiserslautern ab Juli 1951 wurden zahlreiche Hotels und Pensionen beschlagnahmt, was zu einem noch größeren Defizit im Lauterer Beherbergungsgewerbe führte. Der Stadtrat beschloss deshalb, u.a. das Hotel Schwan weiter auszubauen. Gespannt wurden die Bauarbeiten beobachtet während das Plakat des Lichtspielhauses Capitol an der Hauswand keine Beachtung fand. Der Neubau wurde am 9. September 1955 eröffnet. Als erster Gast trug sich Willy Hagenbeck, der Chef des Zirkus Hagenbeck, ein. Nach dem Wiederaufbau konnte das Hotel seinen Rang nicht mehr erreichen und wurde 1977 endgültig abgerissen. Im Hintergrund zu erkennen sind die bereits wieder aufgebauten Gebäude in der Fackelstraße.

Foto unten links: Fast neun Jahre nach Kriegsende in Kaiserslautern war an der **Ruine des Hauses Denisstraße 17** (heute Richard-Wagner-Straße) noch kein Aufbau in Sicht. Im Hintergrund kann man die in den Jahren 1887–1892 am Westrand der Stadt erbaute Marienkirche erkennen. Die vom Fackelrondell ausgehende Königsstraße führte an ihr vorbei in Richtung Hohenecken.

Foto unten rechts: Baumaterialien waren kostbar. Deshalb wurden vor dem endgültigen Abriss noch verwertbare Materialien geborgen und sortiert. Man war damit notgedrungen der Zeit weit voraus, denn dieses Verfahren, das in den kommenden Jahrzehnten zunächst verschwinden sollte, ist heute unter dem Begriff „Recycling" wieder sehr aktuell. Durch die Fensteröffnungen des **Hauses Ecke Fackel-/Kerststraße** (aufgenommen am 5. April 1954) ist gut erkennbar, dass der Aufbau auch an anderen Stellen voranging - mit unterschiedlichen Baustilen. In den rechten Fensteröffnungen sind wieder aufgebaute Häuser im alten Stil, in der linken Fensteröffnung ist ein moderner Neubau zu erkennen.

Der starke militärische und der zunehmende private Fahrzeugverkehr in der Nachkriegszeit machte Verkehrsregelungen vor allem in der Innenstadt notwendig. Auf dem *Bild links* beobachten im Juni 1953 zwei „Verkehrsschutzmänner" den fließenden Verkehr an der **Ecke Spittel-/Steinstraße.** Die eigentliche Verkehrsregelung hatten jedoch bereits Verkehrsampeln übernommen. Zwei Jahre zuvor war an dieser Ecke die erste Ampel in der Stadt Kaiserslautern installiert worden, ein Ereignis, das eine Meldung und ein Bild in der Lokalpresse wert gewesen war. Ein halbes Jahr später verwandelte sich mit dem Bau der Ost-West-Achse auch diese Ecke in eine große Baustelle.

Der Bau dieser Verkehrsader mitten durch die Stadt war das Ergebnis einer Forderung der Amerikaner nach einer durchgängigen Verbindung zwischen dem 1951 entstandenen Wohngebiet Vogelweh im Westen und den Kasernen im Osten. Wegen der zerstörten Lautertalbrücke *(siehe Doppelseite 62/63)* war die Autobahn immer noch nicht durchgehend befahrbar. Der Ausbau der Mannheimer Straße im Osten mit vier Fahrspuren (1953 durch die Amerikaner) und des „Kleeblatts" im Westen (1955) stellten keine technischen Probleme dar. Meinungsverschiedenheiten zwischen der Stadt und den Amerikanern entbrannten jedoch um den innerstädtischen Ausbau rund um die Fruchthalle. Hier gab es noch historische Bausubstanz, die vom Krieg verschont worden war. Alle Alternativvorschläge der Stadt zu ihrer Erhaltung wurden von den Amerikanern verworfen, so dass nach dem Ratsbeschluss im Dezember 1953 die Bauarbeiten im Frühjahr 1954 begannen. Häuser wurden requiriert und alle alten Gebäude entlang der Trasse mussten abgerissen werden: 16 Häuser mit 56 Wohnungen, 20 Läden und das Hotel Adler. Der Bau war auch in der Bevölkerung nicht unumstritten, denn durch den Abriss wurde trotz sehr großer Wohnungsnot Wohnraum in erheblichem Umfang vernichtet. Nach drei Jahren Bauzeit war das Vier-Millionen-Projekt fertig. Die Betriebslänge betrug vom „Kleeblatt" im Westen bis zur Panzerkaserne im Osten 9,5 Kilometer, davon 7,2 Kilometer mit je zwei getrennten Fahrbahnen zu je zwei Spuren. Die Ost-West-Achse zog den zunehmenden Verkehr förmlich an. Da es weder eine Nord- noch eine Südumgehung der Stadt gab, mussten alle Autos mitten durch die Stadt. Sie war eine Verkehrsader, die den ständig wachsenden Straßenverkehr kanalisierte und schnellere Verbindungen ermöglichte.

Foto oben: Das Foto zeigt die **Bauarbeiten in der Spittelstraße im Oktober 1954.** Die neuen Fahrspuren sind schon zu erkennen. Die beiden Gebäude am linken Bildrand wurden kurze Zeit später abgerissen.

Die Fruchthallstraße zwischen der Steinstraße und der Fruchthalle kurz vor dem Abriss aus verschiedenen Blickwinkeln. Bemerkenswert an den Aufnahmen sind zwei Besonderheiten der damaligen Zeitepoche. Die fünfziger Jahre waren die Zeit der Motorroller und Motorräder. Die Lambretta, Vespa oder der Motorroller von Heinkel waren Ausdruck der beginnenden wirtschaftlichen Unabhängigkeit, des wieder gewonnenen Selbstbewusstseins und der Lebensfreude. Zu erkennen sind auch die Leitungen der Oberleitungsbusse, die seit 1951 in der Stadt verkehrten *(Foto links)*.

Foto oben: Am 1. September 1954 begann der **Abriss des weit in die Ost-West-Achse ragenden Gebäudes Steinstraße 1,** der ehemaligen Hubertus-Drogerie an der Kreuzung Fruchthall-/Steinstraße. Bereits im 19. Jahrhundert erhob sich der imposante Steinbau, an dessen Stelle früher eine Brücke über die Lauter führte. Eines der ältesten Adressbücher aus dem Jahre 1870 berichtet auch von dem hier wohnhaft gewesenen Friseurs Julius Küchler, der in Mußestunden in unermüdlicher Arbeit aus den alten Ratsprotokollen seine berühmte „Chronik der Stadt Kaiserslautern" verfasste. Wochenlang staute sich hier, an diesem letzten Engpass der Ost-West-Achse, der Verkehr.
Im Hintergrund zu erkennen sind die Fassade der Fruchthalle und rechts davor das später ebenfalls abgerissene Hotel Adler.

Blick von der Fruchthalle in Richtung Osten. Die Häuser, die auf dem Bild auf Seite 54 noch zu sehen sind, waren bereits verschwunden, der Abriss der Hubertus-Drogerie in vollem Gange. Die Verkehrsführung folgte noch dem alten Straßenverlauf. Im Hintergrund ist das Gebäude der Volksbank zu erkennen. Links über dem Gebälk sieht man die Kirchturmspitze der Martinskirche.

Foto rechts: Auch die **Spittelstraße** war im Oktober 1954 eine einzige Baustelle. In Tag- und Nachtschichten wurde gearbeitet, Häuser abgerissen, Straßen erweitert, Bürgersteige versetzt, Randsteine verlegt, Plätze beseitigt oder neue geschaffen. Das Stadtzentrum erhielt ein völlig neues Gesicht, die Verkehrsführung änderte sich täglich. Wo gestern noch eine Einbahnstraße war, gab es heute schon wieder Gegenverkehr. Geschwindigkeitsbeschränkungen waren mehr oder weniger zweisprachig. Im Hintergrund die Martinskirche, eine Anfang des 14. Jahrhunderts erbaute Bettelordenskirche mit barockem Dachreiter. Die im Bau befindlichen Flachbauten gibt es heute noch.

Der Abriss der im Weg stehenden Häuser war noch nicht beendet, da **wurde schon an der neuen Straßenführung gearbeitet,** die an dieser Stelle über vormals bebaute Flächen führte. Wie weit die Straße versetzt wurde, ist an dem etwas links von der Bildmitte sichtbaren Betonmast für die Leitungen der O-Busse zu erkennen: Er wird auf dem späteren Bürgersteig stehen.

Fotos der Doppelseite 58/59: **Der Erweiterung des Durchbruches als Verbindung zwischen Schillerplatz und Fackelrondell musste auch das Verlags- und Redaktionsgebäude der „Pfälzischen Presse"** (hier die Westansicht) weichen. Das größere Gebäude links davon war das Wohn- und Geschäftshaus der Firma Eugen Crusius, das danach ebenfalls abgerissen wurde. 1955 wurde hier auf der „Insel" neben der Fruchthalle die Buchhandlung in einem Neubau wieder eröffnet. Zu erkennen sind auch hier die Leitungen der O-Busse.

Fotos dieser Doppelseite: **Am 10. Mai 1955 wurde die Ost-West-Achse offiziell in Betrieb genommen.** In Anwesenheit von fast vierhundert Gästen, darunter Vertreter der amerikanischen und französischen Besatzungstruppen (u.a. Generalmajor Miles Reber, Oberstleutnant Fauconnet, Oberstleutnant Quilici), durchschnitt Oberbürgermeister Alex Müller das Band. Er äußerte in seiner Ansprache die Hoffnung, dass die neue Verkehrsführung zum friedlichen Austausch mit dem Westen und zu einem besseren Kennen lernen und Verstehen der Völker beitragen möge. Nach dem Spielen der französischen, amerikanischen und deutschen Nationalhymnen hatten die rund 20 000 Fahrzeuge, davon zur Hälfte amerikanische Autos, die täglich durch Kaiserslautern fuhren, freie Fahrt. Im Hintergrund sind die Reste der Kapellenummantelung des ehemaligen Casimirschlosses zu sehen.

Foto rechts unten: **Die Offiziellen nach der Übergabe auf dem Weg zum Umtrunk in der Stadtschänke.** Im Bild auch amerikanische und französische Militärs.

Schon 1928 wollte man eine nördliche Umgehungsstraße über den Rotenberg bauen, um die Ost-West-Achse durch die Stadt vom Durchgangsverkehr zu entlasten. Mit den Autobahnplänen der Reichsregierung konnte im Frühjahr 1935 diese Absicht verwirklicht werden. **Nach der Trassenherrichtung 1934 entstanden ein Jahr später die Brücken nahe der Eselsfürth, die Waschmühltalbrücke und die Brücke über das Lautertal,** errichtet 1936 durch die Eisenwerke Kaiserslautern. Ein Jahr später wurde der Autobahnabschnitt zwischen Kaiserslautern-West und Wattenheim eröffnet. Diente die Autobahn zunächst den deutschen Truppen als schnelle Verbindung zur Westfront, so nutzten später die Alliierten die Betonpisten, soweit sie nicht zerstört waren, für ihr eigenen Zwecke. Die Lautertalbrücke wurde in der Nacht zum 20. März 1945, nur wenige Stunden vor dem Einmarsch der Amerikaner, gesprengt. Doch auch diese sinnlose Zerstörung konnte den Vormarsch der Amerikaner nicht nennenswert verzögern, das Hindernis wurde von den heranrückenden Truppen einfach umfahren.

Bereits 1946 wurde mit der Beseitigung der Trümmer begonnen, vor allem um die darunter liegende Straße freizubekommen. Allein 1600 Tonnen Stahl waren zu beseitigen. Doch erst nach dem Ausbau der Ost-West-Achse durch die Stadt begann auch der Wiederaufbau der Lautertalbrücke, u. a. wieder durch die Eisenwerke Kaiserslautern. Am 20. April 1954 stürzte ein neues Teilstück der Brücke ein, bei dem glücklicherweise niemand Schaden nahm. Dieser Unglücksfall verzögerte die Fertigstellung jedoch erheblich. War die Autobahn nach Osten an den Rhein und weiter bis Frankfurt ab der Anschlussstelle Kaiserslautern-Ost bereits seit 1951 wieder fertig, so erfolgte die Übergabe der Lautertalbrücke an den Verkehr erst am 15. Oktober 1956 ohne offizielle Feiern. Mit der Fertigstellung der 272 Meter langen und 35 Meter hohen Brücke hatten die amerikanischen Truppen eine weitere schnelle und direkte Verbindung zwischen den Militäranlagen im Osten und Westen der Stadt und der Fernverkehr konnte auf dieser wichtigen Ost-West-Verbindung die Stadt umfahren. Das Foto zeigt die Bauarbeiten am 1. Juni 1956.

Kaiserslautern war durch die Lautertalbrücke endgültig wieder an das europäische Straßennetz angeschlossen. In der RHEINPFALZ vom 8. Januar 1953 stand zu lesen:

„Die Lautertalbrücke - ein Wegstück nach Europa. Vielleicht wird dann eines Tages das, was heute noch als Utopie verlacht werden mag, Wirklichkeit: Die Autobahn durch Frankreich bis an den Atlantischen Ozean".

Ein Satz mit einem hohen Symbolcharakter – damals wie heute. Die hier beschriebene Utopie wurde schneller Realität als von vielen gedacht und erhofft. Die Tür nach Europa war endlich wieder offen. Doch wer hätte sich damals träumen lassen, dass es wenige Jahrzehnte später sogar eine gemeinsame europäische Währung geben wird und dass auf den EURO-Geldscheinen Brücken als Symbole der Völkerverbindung in allen Kulturepochen der Menschheit abgebildet sein würden .....

LITERATURVERZEICHNIS

Braun-Rühling Max	Eine Stadt im Feuerregen Reinhold Gondrom Verlag Kaiserslautern 1991 Unveränderter Nachdruck der Originalausgabe von 1953 Ergänzt durch weitere Bilder und Beiträge
Christmann Ernst/Friedel Heinz	Kaiserslautern einst und jetzt Verlag Arbogast Kaiserslautern 1970
Friedel Heinz	Kaiserslautern – Von den Anfängen bis zur Reichsgründung Geschwister Schmidt Verlag Kaiserslautern 1995
Friedel Heinz	Kaiserslautern – Von der Kaiserzeit bis zur Universitätsgründung Geschwister Schmidt Verlag Kaiserslautern 1998
Friedel Heinz	Hohenecken Verlag Druckhaus Roch Kaiserslautern Ergänzte Neuauflage 1984
Herzog Gerhard/ Leppla Kurt/Rauland Gerd	Kaiserslautern – Die „goldenen" 50er Jahre Wartberg Verlag Gudensberg-Gleichen 1994
Herzog Gerhard/ Leppla Kurt/Rauland Gerd	Alt-Kaiserslautern Wartberg Verlag Gudensberg-Gleichen 1996
Herzog Gerhard/ Leppla Kurt/Rauland Gerd	Kaiserslautern – Ein verlorenes Stadtbild Wartberg Verlag Gudensberg-Gleichen 2. Auflage 1998
Herzog Gerhard/ Keddigkeit Jürgen/ Rauland Gerd/Schwartz Lothar	Frühjahr'45 Institut für pfälzische Geschichte und Volkskunde Kaiserslautern 1995
	Kaiserslautern 1944–1947 Stadtgeschichtliche Aufzeichnungen Stadtarchiv Kaiserslautern Sachbearbeiterin Frau Gretel Wagner
Leppla Kurt	Kaiserslautern – Gestern und heute Wartberg Verlag Gudensberg-Gleichen 1999
Pech Andreas/Jung Wolfgang	Zwölf Jahre und zwölf Tage Kaiserslautern - Eine Stadt im Nationalsozialismus Videofilm im Vertrieb des Medienzentrums Kaiserslautern
Rohrbacher-List Günter	1. Fußballclub Kaiserslautern Verlag Die Werkstatt Göttingen 1995

Der Autor dankt den Mitarbeiterinnen und Mitarbeitern des Stadtarchivs Kaiserslautern für die Unterstützung bei den Recherchen und der Bereitstellung zahlreicher Dokumente zur Stadtgeschichte von Kaiserslautern.